JN409242

시詩가 뭔데

김석인 시집

도서출판 엠-애드

시詩가 뭔데

시인의 말

엊그제까지 청춘이라고 생각했습니다.

생각은 잠시 멈추어도 시간은 계속 흐릅니다.

할머님의 사랑부터 이 세상의 모든 사랑을 듬뿍 받았습니다.

세상에 공짜로 왔으니 밥값으로 흔적 하나 남기고 가겠다고 다짐하였습니다.

2010년 여름 '예술의전당' 의 한 음악회에서 「열린문학」 오문옥 회장님을 만남으로 국제문화예술협회 총재 김선 박사님의 門下生이 되었습니다.

詩作을 하면서 2013년 7월 4일 詩 部門 '열린문학상' 금상을 받았습니다.

그 은혜에 마음을 모아 감사드리며 함께했던 문우들께도 인사드립니다.

아울러 흔적 하나하나를 담아 詩集이 나올 수 있도록 창작준비금을 지원해 주신 '한국예술인복지재단' 여러분에게도 감사를 드립니다.

마종기 작가님의 말씀으로 마무리 인사를 드립니다.

"나는 문학사에 남기보다는 나의 시를 읽어준 사람들의 가슴에 남고 싶다."

가을의 문턱에서

김석인 배상

추천사

시에 나타난 석강 선생의 민족의식

김 붕 래(한국문화훈련원 교수)

「통일이여, 통일이여」 「저 강아, 묻지를 말아라」 이런 제목만 보아도 석강 선생의 육성이 고스란히 살아나는 듯 선생의 시에는 시적 체험과 개인의 일상이 항상 평행을 유지하고 있습니다. 이것은 선생이 일찍이 청년 장교로 복무하면서 정의감 넘치는 사관생도를 이끌어 가르쳤던 시절부터 불타는 애국심이 쌓이면서 힘찬 시로 승화되어온 결과이리라 생각됩니다.

일찍 중국 시인 두보는 '세상이 어수선하니 꽃을 보고도 눈물을 짓게 되고, 이별이 한스러워 새소리에도 깜짝깜짝 놀란다.' 는 명문을 남겼거니와 석강 선생의 시편 여기저기에는 찢겨진 조국, 두 동강 난 민족에 대한 사랑과 동포에 대한 그리움으로 점철되어 있어 새롭게 두보의 피 끓는 애국시를 읽는 듯한 느낌입니다.

'통일은 대박' 이라며 아직도 늦지 않았느니 화분을 가꾸고 물 주듯 통일의 꽃을 피워야 한다고 역설하는 시인은 이 땅의 마지막 양심이며 애국지사임을 확인시켜줍니다. 아마도 희수를 바라보는 늦은 나이에 시집 한 권을 조심스레 선보이는 이유가 더 이상 시인의 나라 사랑을 참을 수 없기 때문이 아닌가 생각하니 이 시집이 너무 늦게 세상에 선보이는 게 안타깝기만 합니다.

시는 선전 문구가 아닙니다. 마음을 찾아내는 것이 철학이라면 그리움을 표현하는 것이 시입니다. 그래서 아름답지 않으면 시가 될 수 없습니다. 또한 그 말이 참되지 않으면 사람을 감동시키지 못합니다. 석강 선생의 시가 빛나는 이유는 구구절절 민족을 향한 그리움이 있고 그 외침이 진정에 기인하기 때문입니다.

뜰아래 쌓인 낙엽을 보고 고통을 감내해야 하는 먼 이방 동포의 쓸쓸한 엽서로 생각하는 석강 선생은 '맞잡은 손과 손으로 사랑을 나누면 행복의 꽃이 핀다.' 는 마지막 진리를 노래하며 스스로 이 땅의 민주주의의 이정표가 되고 싶어서 8부의 시마다 민족을 걱정하고 화합을 노래하고 있습니다. 이순과 고희를 지난 희수에 도달한 시인의 마지막 외침은 애국이며 우국이며 도도한 사상의 강물입니다.

지면은 짧지만 석강 선생의 시를 읽으면 읽을수록 하고 싶은 이야기는 많이 쌓입니다. 나무를 심는 마음으로 백두에서 한라까지 삼천리 푸른 강산이 될 때까지 선생님의 시 쓰는 작업은 계속되리라 기대

합니다. 석강 선생의 시가 우리의 심금을 울리고 민족의 서사시로 회자되면서 우리는 잠시 잊었던 민족을, 민족의 분단을 아파하는 시금석이 바로 석강 선생의 작품 세계가 아닐까 감히 생각합니다. 민족의 가슴속에 영원히 기억될 시인에게 큰 박수를 보냅니다.

석강 시집 발간에 즈음하여

김환생(전주시인협회 부회장)

계곡溪谷에 떠내려가는 나무토막 껍질 속에서 수많은 개미 떼가 물에 빠지지 않으려고 발버둥치는 것을 보고 개미들에게 연민憐憫을 느껴 나무토막을 물에서 건져 개미 떼들을 모두 살려준 나무꾼이 이로 말미암아 젊어 죽을 관상觀相에서 벗어났다고 합니다.

당唐나라의 '마의선인麻衣仙人'은 「마의상서麻衣相書」에서 이렇게 말합니다.

관상불여심상觀相不如心相이요, 심상불여덕상心相不如德相이라.

마음이 곱고, 심성心性이 착하고, 남을 배려配慮하고, 베풀어 덕성德性을 쌓으면 사람의 관상觀相은 은은隱隱하고 편안便安하게 변變한다고 합니다. 선善하게 살면 해맑은 얼굴로 피고, 세상을 불편하게 살면 어두운 얼굴로 그늘이 집니다. 마음의 거울이 바로 얼굴입니다.

김석인金錫寅 시인詩人은 덕인德人입니다. 언제나 겸손謙遜한 태도와 온화溫和한 모습으로 누구를 만나도 따뜻하게 웃으며 포근한 가슴으로 반갑게 맞아줍니다. 그렇게 정情을 줍니다. 그렇기 때문에 그의 시詩에서는 항상 사랑이 묻어납니다. 그 사랑은 내 주변에 존재하는 사물에 대한 사랑은 물론, 조국祖國에 대한, 조국祖國의 자유自由와 통일統一에 대한, 사랑하는 사람에 대한 그리움과 연민憐憫까지를 한꺼번에 포용包容하는 '베풂(德)' 으로서의 사랑을 볼 수 있습니다. 그의 사랑은 이 모든 것들을 초월超越하는 사랑입니다.

「사랑과 행복」에서 시인詩人은 이렇게 말합니다.

어린 양 두 마리가
머리를 마주 대고 비비는 것처럼
사랑과 행복은
언제나 한 쌍의 생명입니다.

〈후략〉

시인詩人은 항상 자유自由 속에서 조국祖國의 통일統一을 갈망합니다.

대한민국大韓民國이 통일統一 되기를 바라는 시인의 열망熱望이 어떻게 사랑으로 승화昇華되는가를 보여주는 시인의 시정신詩精神을 시집詩集 전편全篇의 시詩를 통해 읽을 수 있습니다. 직설적直說的으로, 혹은 은유隱喩와 상징象徵을 통하여 '베풂'으로 나타나는 사랑을 볼 수 있습니다. 그 사랑은 바로 떠내려 오는 나무토막 껍질 속에서 개미 떼를 살려낸 나무꾼 젊은이의 고운 마음을 보는 것 같은 감동感動으로 한 번 더 시집詩集을 펼치게 합니다.

시詩는 감동을 주어야 합니다. 새로운 표현, 또는 감각感覺이라는 말로 알아들을 수 없는 말을 교묘하게 나열하여 독자의 정신을 어지럽히는 시詩는 시詩라고 볼 수 없습니다. 우리의 깊은 감성感性을 울리지 않는 언어의 장난을 시詩라고 할 수는 없습니다. 시詩를 통하여 우리의 영혼靈魂을 감명感銘시키고, 나아가 가슴에 길이 남을 깨우침을 통하여 베풂을 가져올 수 있는 시詩라야 두고두고 읽힐 수 있는 시詩가 됩니다.

김석인金錫寅 시인詩人의 시詩는 그래서 좋은 시詩입니다.

「그대는 보안등」에서는 이렇게 말합니다.

길모퉁이에 외등 하나
늘 그 모양이네

흙먼지 뒤집어쓰고
허름하게 매달려 있네.

보기엔 흉물이지만
온갖 것 다 지켜보며

날마다 혼자서
혼탁한 세상을 밝혀주네.

누가 뭐라 해도
내 할일만 하면 된다며

「그대는 보안등」 전문

시집詩集 제8부 「유리잔 속의 경제학」을 읽는 동안 우리가 마땅히 어떻게 살아야 할까를 시인詩人은 깨닫게 해줍니다. 이처럼 김석인金錫寅 시인詩人의 시詩는 단순한 시詩가 아니라 우리 민족을 향하여 외치는 절규絕叫입니다. 호소呼訴입니다.

궁핍과 가난에 찌든 우리 대한민국大韓民國이 허리띠를 졸라매고 열심히 땀흘려 이제 살게 되었는가 했는데 부정축재와 부패를 감추고 복지福祉라는 미명美名으로, 이제 외채外債로 가득 채워진 우리 대한민국大韓民國의 미래를 염려하는 시인詩人의 당부입니다.

〈전략〉
흥청망청…

민주화를 외쳐대는 동안 한쪽에서는
부정축재와 부패로 경제가 곪아터지고 있으며
사회 갈등과 도덕 불감증으로 혼잡스럽고
복지와 방위비는 하늘이 높은 줄 모르게 치솟고
국고가 가득차서 넘치는 것이 아니라
그 유리잔 속에는 외채로 가득차 있으니

〈후략〉

시인詩人의 시詩는 전편全篇을 통하여 베푸는 삶이 되어야 하되 어떻게 베풀어야 상생相生할 수 있는가를 끊임없이 생각도록 하며 통일된 우리 대한민국大韓民國이 창조경제통일로 세계경제 대국으로 이어질 것이라고 말합니다. 덕인德人 김석인金錫寅 시인詩人의 문운文運이 더욱 창달暢達되기를 기원하면서 서문序文을 마칩니다.

1부
통일이여, 통일이여

2부
사랑과 행복

3부
시詩가 뭔데

4부
사랑은 애물단지

5부
뜬 구름 잡기

6부
가을이 가기 전에

7부
마지막 소원

8부
저 강아 묻지 마라

뜨거운
젊음의 핏물로
녹슨 철조망을 녹이고

1부

통일이여 통일이여

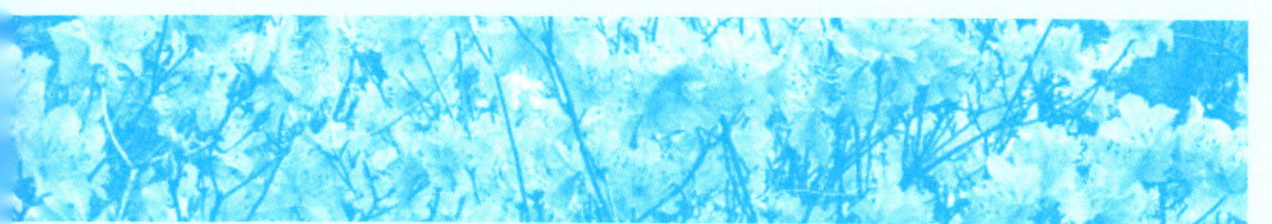

휴전선의 봄은 언제 오나

하늘엔 은하수 흐르고
새들은 자유롭게 날지만
남북은 서로 오가지 못하네.

두고 온 고향 산천
사계절 변함없건만
반세기 이산가족 천만의 아픔이여

아~ 바람아 구름아
저 흘러가는 비구름 속에
한 맺힌 이내 그리움 담아
가고픈 고향에 뿌려다오
뭉게구름 낮아진 겨울 하늘에
태양은 어디에서 무얼하고 있는지

봄아 어서 빨리 오라
북녘땅을 따스한 자유의 햇살로
용광로 쇳물 녹이듯
휴전선의 녹슨 철조망으로 평화 메달 만들자
아, 휴전선의 봄은 인제 오나

호국영령들이여

언제 남북이 하나로 소통될까
왜놈 떠난 지 70여 년
정전된 지 60년이 흘렀다
한반도는 아직도 허리가 아프다

현충원, 휴전선 곳곳에서
조국 수호의 영령들
설움 받쳐 울부짖는 소리
나의 귓전에서 맴돈다

종북 찬양 외치는 사람들
뻔뻔스럽기 짝이 없구나
부끄러운 줄 아는 양심도 버렸느냐
호국영령들은 누구를 위해 싸웠느냐
그들을 두 번 죽이지 마라

하나뿐인 우리 형제들의 귀한 목숨
한시도 나라와 겨레 잊은 적 없다.
조국 위해 젊음을 다 바친 호국영령들
그들의 주검 헛되지 않도록 정신 차려라
아직도 쉴 곳을 찾지 못하고 헤매는
산골에서 혼백이라도 편히 쉬게끔

통일이여, 통일이여

지금 잠시 쉬어 가는가
달리던 기차는 멈추고 레일은 녹이 슬고
언제라고 약속도 없이 불안과 초조 속에
오늘 하루도 저물어 간다

조국의 독립을 위해
북만주 벌판에서 혹한을 무릅쓰고
서로 부둥켜안고 동지, 동지 부르며
허리띠 졸라매고
그날이 오기를 손꼽아 기다렸건만

아! 이럴 수가 닛본도와 조총은
말발굽과 함께 떠났는데
올가미로 허리를 묶어 흐르는 혈맥을 잘라
숨이 막히게 하다니
어제의 애국 동지가 만고의 역적이 되었구나

하늘이 무섭지 않느냐
민족의 허리 심장에 총부리를 겨누다니

삼천리 금수강산인 조국 산천을 짓밟다니
이제 꿈에서 깨어나라 한민족은 오직 하나다

휴전이 아닌 종전으로
한반도에 영원토록 포성을 멈추게 하여라

뜨거운 젊음의 핏물로 녹슨 철조망을 녹이고
7천만이 하나되어 통일의 노래를 부르자
그리고 올림픽 4강의 신화를 다시 이루자

아직도 늦지 않다

북핵폭풍은 이제 겨울에만
부는 바람이 아니다
럭비공을 닮았다
언제 어느 때 어느 곳으로
튈지 모르는 무소불위無所不爲로
긴장의 연속이다

그래도 통일은 대박이다
그것은 자유 평화다
북에는 지하자원이 풍부하고
토지가 국유지다
그래서 개발하기 쉽다
이곳처럼 반대가 없으니

다시 시작해 보자
아직도 늦지 않다
이제는 자원 개발이다
화단에 심어진 꽃도
가꾸고 물을 주어야

아름답게 꽃이 피듯이

근자열 원자래近者悅 遠者來를 생각하며
평화가 정착되면 세계 자본이 몰려온다
초심불망 마부작침初心不忘 磨斧作針 심정으로
오늘도 내일도 계속해서

近者悅 遠者來: "가까이 있는 사람을 기쁘게 하면,
멀리 있는 사람이 찾아온다." 는 뜻
初心不忘 摩斧作針: '초심을 잃지 않고 도끼를 갈아 바늘을 만든다.' 는 뜻

명동 초소의 영혼들

강원도 중부 휴전선 두메산골
명동 초소에 잠든 영혼들이여
포화가 멈춘 지 어언 70여 년
국가의 부름을 받고 와 보니
그대들의 충정이 있었기에
내가 살아 숨쉴 수 있으며
그때를 다시 기억하게 하고
자유와 평화를 누릴 수 있다오
이제 경계 임무는 나에게 맡기고
부디 좋은 곳에서 영면하세요
통일 소식을 전하는 그날까지

통곡하는 미루나무

서대문 독립공원
붉은 담장 옆 미루나무 한 그루
지금도 통곡하네

먼저 가신 애국선열들
눈물의 하소연으로
세월의 나이테에 채우고 있네

마지막 남긴 절규
나무는 기억하네
대한독립 만세 대한독립 만세

이 땅의 젊은이들이여
삼천리금수강산 분단 조국
통일 이루세 반드시

평화의 종은 언제 울리나

분쟁 지역의 탄피를 모아
한 살 젖먹이 돌반지까지
파로호 언저리에 주물로 태어난 생명

평화를 갈망하며 북녘땅을 향하여
우뚝 선 채로
오늘도 타종하는 자에게 묻고 있다
언제 달아줄 것인지 비둘기 반쪽 날개를

이곳에 잠든 10만 명의 슬픈 영혼들
그들의 원한을 달래주며 위로하고
다시는 이 땅에 총소리가 아닌

완성된 자유와 평화의 종소리가
북녘 하늘 끝까지 울려 퍼지길
나는 손꼽아 기다린다
오늘도

일본이여, 일본인이여

금수강산에 하얀 양떼들이
목초를 뜯고 있었다
어느 날 갑자기 늑대와 이리떼들은
양떼들이 평화롭게 놀고 있을 때
남의 것도 제 것인 양
제 맘대로 마구 짓밟았다

성씨도 바꾸고 문화도 말살하려고
갖가지 수단 방법을 동원하였다
이제 그것도 모자라
동해를 일본해라 부르고
독도를 다케시마라 하는데

마치 자기네 땅인 것처럼
연일 언론에 대서특필하며
야단법석이 이만저만 아니다

일본이여! 일본인이여!
감정만을 가지고는 아니되오
냉정한 이성을 잃지 마시라
멀고도 가까운 이웃, 일본인이여

남한산성

바라보면 민족의 한이 서려
이를 악물고 주먹을 쥔다
자존심이 진흙탕에서 나뒹굴고
인조대왕의 한숨 소리가
칼바람 타고 삼전동을 후빈다

임진년에는 의병도 많았다는데
병자년에는 코빼기도 안 보였다고
청량산 청량당의 억울한 사연과
백성들의 울분은 한강을 넘치는데
환향녀은 누가 만들었는가

아, 아
태평성대는 어디로 가고
왕명은 성안에서만 뱅뱅 도니
엄동설한이 항복을 재촉했구나
싸움 한번 제대로 해보지 못한 채
지금의 남한산성은 말이 없네

선산 앞에서 형제들

사랑과 행복은
언제나
한 쌍의 생명입니다.

2부

사랑과 행복 • • •

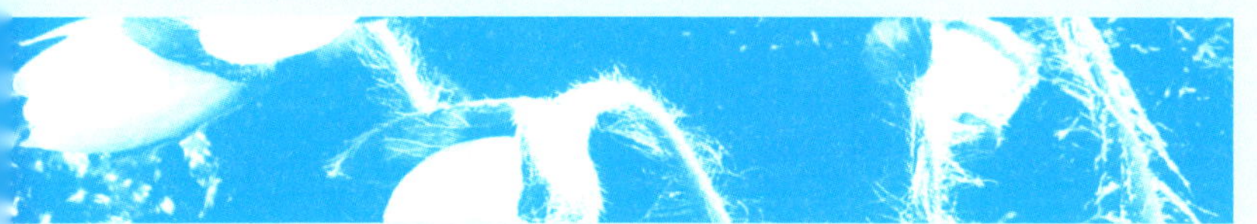

사랑과 행복

어린 양 두 마리가
머리를 마주 대고 비비는 것처럼
사랑과 행복은
언제나 한 쌍의 생명입니다

보이지 않아도
내 안에 살아 숨쉬는 사랑
들리지 않아도
가슴속에 출렁이는 임의 노래

산 위에 불어오는 바람으로
내 머리를 쓰다듬어 주고 가시는 임
임의 따뜻한 손길입니다

우리를 등에 업고 날아가는
독수리의 두 날개는
사랑과 행복입니다

행복한 인생

천년 근심을 품고 살아도
함께할 그대가 있다면
이 세상 어디라도
그대를 따라가리

억만금을 잃어도 괜찮아
내 곁에 그대만 있다면
이게 바로 사랑이니까
이게 바로 행복이니까

사랑하는 그대여
가는 세월 잡을 수도
머물게도 할 수 없으니
하루하루가 매우 중요해
우리의 오늘은
어제의 오늘이 아니니까

오늘은 나에게 특별한 날
값지고 멋지게 보내야지
그대와 살맛나는 이 세상을
이게 바로 사랑이니까
이게 바로 행복이니까

그 사람

멀리 떨어져 있어도
언제나 함께하고 싶은 사람
내 모습의 그림자같이

아무런 이해관계 없어도
투명하고 울림을 주는 사람
내 맘의 맑은 거울처럼

외로움이 파도처럼 밀려와
그리움이 산처럼 쌓이는 사람
영원히 변함없는 사랑으로

회상

꿈 많던 지난 세월 조국에 충성하고
수줍던 젊은 시절 첫사랑 불태웠지

최전방 자유 수호 가끔은 병원 신세
지금껏 살아오며 남은 게 이뿐인가

자식들 결혼하니 노부부 외로워져
오늘도 기다린다 손주들 재롱 모습

한세월 흘러가니 백발에 주름살에
수심만 가득하니 임마저 슬피 우네

단풍 연가

자립해 보겠다고 야자수 우거진 곳
말로는 자유수호 목숨을 담보하여
뜨거운 햇빛 아래 얼룩진 눈물방울
꽁가이 아오자이 적시네 시나브로

귀국선 환영 인파 천하에 영웅 대접
엊그제 일 같은데 세월도 바람처럼
아들딸 친구들도 제 갈 길 떠나가니
기쁨도 잠시 잠깐 남는 게 한숨 소리

통일은 아득하고 희귀병 섬유화에
서럽고 애처로워 청계산 추모공원
이별의 하직인사 불타는 단풍잎들
너와 나 애국심은 한 줌의 재로 남네

그대는 보안등

길모퉁이에 외등 하나
늘 그 모양이네

흙먼지 뒤집어쓰고
허름하게 매달려 있네

보기엔 흉물이지만
온갖 것 다 지켜보며

날마다 혼자서
혼탁한 세상을 밝혀주네

누가 뭐라 해도
내 할일만 하면 된다며

버팀목

소도 언덕이 버팀목이 되듯
세상을 살아가는 데
나도 하나 있었으면

쨍쨍 내리쬐는 삼복더위
식을 줄 모르는 열기 속에서
눈보라 치는 북풍한설까지

밤이나 낮이나
내가 의지하려 찾을 때
언제나 감싸줄 할머님 같은 존재

소매 끝에 찾아든 맑은 바람은
가을인 양 시원시원하다
할머님의 살아오신 세월만큼

버리고 비우면 가벼운데

정성 들여 피운 꽃을 버리고
나무가 열매를 맺듯
마음도 욕심을 버리면
인생의 고운 열매를 맺습니다

버리고 가야 할
지고 가기에 힘겨운 삶의 고통을
알면서도 모르는 척합니다

버리면 가볍습니다.
마음도, 삶도
탐심을 버리고
마음을 비우면
평안(平安)이 선물로 주어집니다

버리고 비우는 일이
가장 쉬우면서도
어려운 일인 것 같습니다
그냥 버리고 비우면 되는데

하나님은 욕심쟁이

먼 하늘나라
가고 싶어 갔는지
아니면
오라고 한다 해서
새벽차로 떠났는지

지금은 볼 수도
소식도 받을 수 없어
경숙아 잘 있제
하나님은 심술쟁이야

왜, 내가 사랑하는 사람을
너무 예쁘다고
머나먼
당신 곁으로 숨겨뒀는지

엘리자베스 테일러도
오드리 헵번도
아니 자옥이도 말야
훔쳐 갔으면 되었제
뭐가 부족해서 또
너에게까지 손 벌려야 했나

원 없이 살다 가면 되지

그놈의 돈이 무엇이기에
개도 물어가지 않는다는데
천국에 지고 갈 것도 아니고
다 쓰고 가지도 못할 것을

서로 살육은 왜 하나
욕심은 하늘을 찌르고
배 밖으로 나왔으니
어이할까 어이할까

하늘나라 창고에는
금은보화 가득하다는데
그곳에 가기 위해
관 속에 한번 누워봐라

우리 부활한 심정으로
살아생전에 베풀며
서로서로 오손도손
하고 싶은 대로
원 없이 살다 가면 되지

추모공원에서

그대는
누구를 위해서
이 땅에 왔다가
말없이 가는가

언제나
한결같은 마음으로
비가 오나 눈이 오나
바람이 불어와도

오로지
'할일이 많아야 보람이고
일하다 죽는 것이 행복' 이라고
비지땀 흘리며 말했지요.

황소처럼
꿀벌처럼

그대여
그대의 빈자리
어느 누가 채울 건가요
한 줌 분토는 말이 없네요

하늘엔 구름 한 점
그믐달
서산마루에 떠 있네요
천국 가는 그대를 위해서

이제 모든 걸
우리에게 맡겨 두고
홀연히 떠나가세요
이승엔 미련 두지 말고서

그리움은 썩지도 않는 병

오늘따라 당신이
많이도 보고 싶었습니다
이제는 내 꿈속에서도
당신을 만날 수 없으니
당신은 나를 많이도
잊고 사는가 봅니다

행여나 어제는
당신을 꿈속에서 만나려나
일찍 잠을 청해 보았지만
보고 싶은 당신을
끝내 만날 수가 없었습니다

밤새도록 잠자리에서
당신을 그리워하다
이리저리 뒤척이다가
잠시 잠깐 잠이 들고

50년 만에 찾아온 열대야.
열대야 때문인 줄만 알았는데
그 때문만은 아닌가 봅니다

내 마음속 깊은 곳에
보고 싶은 당신의 그리움이
자리하고 있었나 봅니다

그리움은 썩지도 않는
병이라고 하는데
많이 보고 싶었습니다

당신의 다정다감한 모습을

여보, 삶
자체가 예술이라오.
모든 예술은
시(詩)로부터 탄생한다는데

3부

시詩가 뭔데

삼색 나물의 의미

제사를 지내기 위해
나물을 준비하는 마누라
홀수로 진설(陳設)한다고 하는데
그 의미가 무엇이며
제대로 알고 준비를 하는지

모두 근본 없이 태어날 리 없으니
뿌리가 하얀 도라지는 조상이요
줄기의 갈색 고사리는 부모이며
잎이 파란 시금치는 자손의 번영

조상은 한 세대 살고 가신 과거이며
부모는 우리 세대 살고 있는 현재이고
자손은 희망으로 살아갈 먼 미래여라

조상을 숭배하는 아름다운 풍습으로
가족의 소중함을 마음속 깊이 새기며
즐거운 밥상으로 공동체를 생각하자
살아서도 죽어서도 조상의 은덕임을

어머님의 일생

외가댁으로 가셨다
조부님 떠나가시고 바로
산달에 나를 낳으려

아들을 낳았다고
무척 기뻐하셨다
시집살이에 기쁨도 잠시
종가 맏며느리로 할일도 많아
낮과 밤을 바꿔 고생하셨다

아들딸 잘 키우려고
살아생전 호의호식 못 하고
인내심 강하신 어머님은
열두 폭 명주 천을 뜨거운 눈물로 적시고
짧은 생애로 떠나실 적에
자식들은 많이 슬퍼하였다

육신은 한 줌의 흙이 되고
유골로 변하신 지금 어머님께서는
천국과 극락에 자주 오고가실 거다
예수님과 부처님께 기원 올리니
생전의 웃으셨던 아름다운 모습
내 마음속에 별처럼 그려본다.

우리 손주 동하東河

홍 차오를 떠나 김포공항에
아빠 품 떠나온 우리 손주 동하
밤새 내내 서럽게도 울어댄다
어디 우리 손주뿐이겠는가
세상천지 아기들은 모두 다-
이제 막 엄마 아빠 얼굴 익혔으니
정든 아빠 목소리 그리워지나 보다
잠자리가 바뀌어서 더 그러는지
낯선 두려움에 저렇게 우는 것인지
울다 울다가 이제 지쳤나 보다
새벽녘에야 토끼 인형 가슴에 꼭 안고
새록새록 잠이 드는 걸 보면
동~하~야
꿈속에서 아빠 만나고 오너라

우리 손주 시우時雨

귀엽고 깜찍한 사내아이
때맞춰 필요한 단비처럼
세상에 잘 어울리는 보물

무엇이 저토록 좋으실까
종일 함박웃음 짓는 할미
며늘아이 순산해서일 거야

맞아, 증조모 가신 날
우리 손주 시우가
우주를 비행한 날
시월 스무엿새지

착하고 예쁜 시우는
재치 있고 영특하니까
엄마 아빠가 바라는
이름값 크게 할 거야

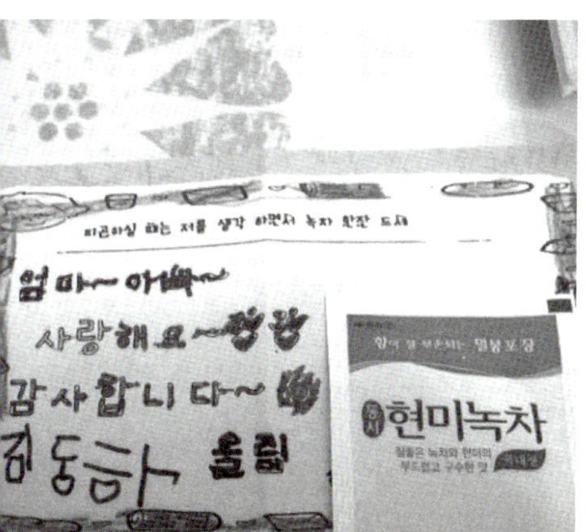

마나님의 희망가

오늘 기온이 36도란다
외출할까 망설이는데
더운 날씨만큼 마나님 희망가도 대단하다

"당신이 잘하는 게 뭐 있나요
밥을 지을 줄 아나요, 집 안 정리를 잘하나요
뭐 하나 제대로 하는 것 있으면 말해 보슈
그래도 나더러 잔소리 쓴소리한다 할 꺼유?"

(………………)

"뭔가 하나 제대로 할 줄 알면
원怨 없을 텐데 이래저래 걱정
죽는 것도 마음대로 하지 못할
평생 잔소리하다 마칠까 보우."

적당한 긴장은 살아가는 데 활기를 준다는데
삶에 스트레스 주는 것을 인생의 숭어라고 한다면
우리 마나님은 바로 나의 숭어요, 나는 청어가 아닌가
나도 좋은 숭어 되어 누구에게 활력을 주고 싶어진다

시詩가 뭔데

유난히도 추웠던 지난겨울
추위를 많이 타다 보니
책을 보거나 컴퓨터 앞에 앉아서
시간을 보내는데
오늘따라 마님의 잔소리가
이만저만이 아니다

"여보 보일러 온도 좀 줄여요
지난달 도시가스 요금이 엄청 올랐어요
춥다 춥다 하면서 밖에는 잘도 쏘다니면서
집에만 있으면 추워 안절부절 못하는데
갑자기 무슨 바람이 불어 시詩를 쓴다고
시인들은 춥고 다 배고프다고 합디다
그놈의 시가 사랑을 줘요, 밥을 줘요?"

한바탕 찬바람이 휑하니 지나고 나면
머릿속에 아무 생각도 남는 게 없으니
"여보, 삶 자체가 예술이라오
모든 예술은 시詩로부터 탄생한다는데….'

시詩를 찾아

시詩는
광명시장에도 있고
구름산 새소리에도 있고
우리 가슴속에도 있었다

어느 날 그를 찾으러
막걸리와 빈대떡을 가지고
계곡과 둘레길을 걸으며
내 가슴속을 한참 후벼 보아도
그는 보이지 않았다

그런데
매일 오가며 다니는 길에서
특별한 날도 아닌데
반가운 그를 만났다

시詩는 내 삶 속에 있었다

그대의 그리움이 되고 싶다*

꽃 피고 새 노래할 때
기다려지는 그리움 하나
외딴섬 등대지기같이
낮과 밤이 뒤바뀐 삶에서

낮에는 그림자와 벗하고
밤에는 별들과 수많은 세월
이국땅에서 자유 수호를 위해
하나의 밀알이 되는 그날까지

총탄이 비 오듯 몰아칠 때
오로지 구국의 일념으로
희망의 나침판이 되어주는
그리움의 직선거리가 되고 싶다

*그대: 베트남전에 참여한 막내 숙부님과 두 동생을 그리며

그때가 되면

무더운 여름날 오후
여보, 오늘 저녁에 친구 서넛이 찾아온대요
담근 오가피 술에 안주는 당신이 잘하는
김치찌개로 하면 되겠어요

“아니, 복중에 마누라 잡을 일 있어요.
밖에서 걸판지게 한잔하시면 될 텐데
말이 김치찌개 하나지
어디 준비하면은 그렇게 되나요.”

그때 불쑥 그릇장에서 한마디
잘되었네요.
이번 판에 저희도 한판 끼워 주세요
맨날 1회용품만 좋아 마시고
찾아온 손님들을 접대 잘하세요
모두가 그대를 위해서라오
준비는 주인의 정성이고 예절인데
진수성찬은 아니라도 괜찮으니까요
이번 기회에 식탁에 오르게만 해 주세요
우리는 거실 장식품이 아니라오
단순히 끼니를 때우는 것도 아니고
한 끼를 먹어도 이제 창조예술이니

품위를 지켜 주시면 서로 좋지요
평생 청자와 백자는 함께 못할망정'

여보, 저 말이 일리가 있는 듯하오
오죽하면 쪽발이 전쟁을 일으켜
기술자와 고령토를 훔쳐 갔으려고
이제 그릇장에서 출가시켜 주지라
우리가 살면 얼마나 살기라고

"여보.
그걸 누가 몰라서 그런 줄 아오
무심한 소리를 하고 있네 그려
합리적으로 도출해 보세요
삼복에 내 팔자는 뭐 어찌하고요
큰 잔치도 있고 며느리도 보아야죠
조금만 기다려 줘요, 그때가 되면…."

보면 할말 못 해
애가 마르니
보아도 안 보아도
애가 타니

4부

사랑은 애물단지

하늘에서 다시 핀 꽃

신년 첫날
이른 아침부터 까치 슬피 운다.
저 언덕 배롱나무 가지에 쌓인
흰 눈은 붉은 동백꽃이 되어
후두둑 떨어진다

지난밤 잠든 사이 무슨 일이 있었을까
나에게도 괴로운 일이라
울음 참고 견뎠는데
까치가 내 마음을
밤새 훔쳐보고 있었나 보다
그대는 떠났지만
그대는 먼 길을 떠났지만
그대의 노래 '나의 꽃'이여

까치 울음소리 따라서
붉은 동백꽃 위
하늘을 향하여
하늘을 향하여
짙고 차가운 향기 발하네

능소화

한 번 눈에 띄어
밤새 이룬 사랑이
천추의 한이 될
꽃으로 필 줄이야
아니 궁궐 담장의 혼이 될 줄
누가 생각인들 했겠는지요

착한 궁녀 소화는
행여나 들릴까
오늘밤 발자국 소리
보일까 그림자라도
담장을 서성이며

기다림의 세월 속에
눈물로 한세월 보내며
담장 위를 향해
눈을 크게 뜨고
오늘도 인기척 없는 그곳을
애처롭게 넘나 봅니다

보고 싶은 그대여

사람 그 사람이여
마음 그 마음이여

도무지
알 수가 없구나
너그러울 때는
온 세상을
다 내줄 듯하다가도

한번 삐져
옹졸해지면
바늘 하나 꽂을 만한
빈자리가 없구나

사랑하는 그대여
보고 싶은 그대여

그것이
인간이란 말인가
만물의 영장이라던가
언제라도 서로 만나
엉킨 응어리와 매듭을
하나하나 풀어가며 살세

마지막에 죽는 주인공

지난번 전쟁 영화를 보았다
비 오듯 쏟아지는 적군의 총알이
엎드려 있는 병사를 명중하고
서서 지휘하는 대장은 비켜갔다
주인공이라서

주인공이 총알을 맞았다
총알이 팔이나 다리에 맞지
가슴이나 머리에는 맞지 않는다
절룩이며 부상당한 채
부하를 업고 최종 목표로 돌진한다

요즘 사극 드라마도 그렇다
비 오듯 날아드는 적군의 화살촉에
열심히 대응하는 군졸들은 맞아도
망루서 지휘하는 장군은 피해 간다
주인공이라서

우리는 이 땅에 태어날 때
모두가 다 주인공이다
제각기 사명이 다를 뿐
살아 있는 동안 먼저 죽을 수 없다
주인공은 마지막에 죽어야 하니까

우리는 길 떠날 나그네들

어차피 저 고개만 넘으면
헤어질 사람들
미워해 봐야 무얼 하겠냐

언제 떠날지 서로 몰라도
가다 보면 서로
웃기도 울기도 하겠지

애절한 사연 서로 나누다
갈래길 돌아서면
어차피 이별할 사람들

서로 사랑하며 살아야지
모두가 사라질
길 떠날 나그네들이니

그대 모습

정말 애타도록 보고파
죽을 것만 같았던
그 시절

그 사람이 아니면 절대로
안 되는 줄 알았던
그 마음

지금은 가슴에 그리움만 가득 안고
때로는 보고픈 생각에
하얀 종이 위에
그대 얼굴 그려보고 지우고
또 그려보는데

세월이 어느만큼 흐른 후에는
그대 모습 희미해져
영원히 잊어버리는 것은 아닐까
정말 그냥

그리운 당신

나는 가끔 술을 마시며 잔을
채우고 비우지만
나에게 돌아오는 것은
고독뿐이었습니다

절망 속에서 무거운 세월을 안고
살아갈 수 없는 나는
날이면 날마다
당신을 기다렸습니다

따뜻한 가슴을 품고 사는
착한 백조처럼
당신은 보이지 않는
회색빛 모습으로
잠시 왔다 떠나가는
반딧불같이

당신은
오늘도 나에게
그리움만 안겨줍니다

기다리는 마음

기다려도 기다려도
오지 않는 그 임을
애타게 기다리네

몇 번을 몇 차례
기다리는 차가
몇 대가 지나갔건만
그 임은 끝내 내리지 않네

그 임에게
무슨 일이 있을까
심히 걱정되는데
제발 큰일이 없기를

기다리는 마음은
지금도 변함없네
언젠가는 꼭 오겠지
기다리는 이곳으로

사랑은 애물단지

사랑이란 녀석은

안 보면 보고 싶어
애가 마르고

보면 할말 못 해
애가 타니

보아도 안 보아도

사랑은 이래저래
애물단지인가 봐

그날은 언제 올까요
-해남 촌의 여인

서산에 해가 지기도 전
분홍 불빛이 피어나는 밤
목구멍이 포도청이라고
내 한 입만이 아니니

내 것이지만
요즘은 코로나19로
내 맘대로 하지도 못하고
애처로운 처지의 여인이여

눈부시게 화창한 봄날
꽃으로 태어났으나
들풀로 살아가야 하는 그들

이제라도
화사한 꽃으로
살아가기를 바라지만
언제일지 모를 그날까지

오늘도 웃음과 사랑을 팔면서
그날만을 기다려봅니다

한세상 살다 가는 우리
한철 사는 꽃에서
배워요, 배워
그냥 웃는 모습을

5부

뜬구름 잡기 • • •

누구를 믿어

해가 서쪽에서 떠서
동쪽으로 진다고
기소하는 검찰을 보았는가

물이 낮은 데서
높은 곳으로 흐른다고
판결하는 판사를 보았는가

더 웃기는 녀석은
감언이설과 금품 유혹에
눈이 멀어버린 배신자

40년 죽마고우
친구를 욕되게 하고
인생을 망쳐놓고 지하에 간
인간쓰레기가 한국 사람이던가

누구를 원망할까
양파 껍질 같은 세상
유전 무죄냐
권력 무죄냐
실제 벌어지고 있구나
지금 대한민국에서는

누군들 어떠하오

그대는 뉘시지요
어디서 많이 보던 모습인데
만주벌판에서 밀개떡 먹고 왔나요

그러는 당신은 누구시오
많이 듣던 이름 석 자인데
물 건너 버터 바른 빵을 먹다 왔나요

그래 당신이나 나나 똑같이
국내에서는 살길이 막막하니
이국땅에서 애국한다고 밀정하고 살았지

개나 뙤나 독립운동했다고 하니
뭐가 뛰니 꼴뚜기도 활개친다고
장꾼들도 애국자로 변신해버린 세상

과거 청산 못 한 죄
그 후손들 떵떵 활보하니
똥파리면 어떻고 쉬파리면 어떠하겠소

쪽박은 깨지 마라

접시 깨면
사금파리가 되고
휴전선 깨지면
평화통일이 되겠지

세상사 맘먹은 대로
이루어진 것 있다더냐

달이 밝으면 구름이 끼고
꽃이 고우면 비가 내리듯이

시기와 질투로
범벅되어
내로남불이라 했겠다

모처럼 찾아온 평화 분위기에
재나 뿌리지 말거라
아직 갈 길이 험하고도 멀다

사사건건 불평만 늘어놓는
그대는 대마도에서
건너온 쪽바리는 아니겠지

뚝섬의 오리배

저 창공을 나는
겨울 철새가 부럽다
빨리 북쪽으로 훨훨 날아가렴
나는 날 수가 없으니까
그러나 둥실둥실
춤을 출 수는 있지
두 남녀의 사랑을 싣고서
그날이 오기만을 기다리고 있는 거야
따뜻한 햇볕이 내리쬐는 그날을 말이야
우리 마음도 녹아 흐르는 뚝섬의 오리배처럼
희망을 품고서 기다리면
춤을 추는 그런 날이 오겠지
얼었던 강물이 녹아 흐르니
갑자기 구수한 냉잇국이 먹고 싶다
파릇파릇 풋것들이 들이미는 봄 소리

꼴뚜기 세상

온 나라마다 시끌벅적하네
해괴망측한 신종 코로나 19로
항공사의 입국 출국 제한까지

지난날 메르스는 어떠했고
그뿐인가 외부 활동이 통제되니
온 나라 살림살이는 위축되고

엊그제 북 미사일 포격도 위협하고
시민들 마음에 뿌연 구름만이
근심 걱정으로 뒤덮이니

시끄러운 인간 세상
더욱더 질퍽덕거려
덩달아 내 마음마저 슬프네

뻔하지

뛰어 봐야 벼룩이다
이리 뛰고 저리 뛰고
제 가진 것 그 재주로
뛰어 봐야 그놈이지

변명해 봐야 뻔하다
이리저리 엮어서
말렸다고 하지만
까발려 봐야 뻔하지

독도가 자기 땅이라고
위안부는 없었다고
입 벌려 거짓을 우겨대는
아베 무지렁이나

비핵화를 하겠다고
우방에 다짐했지만
꽁무니로 호박씨 까는
거짓말쟁이 정은이나

변명 아닌 변명은
손바닥으로 하늘을 가리기
더는 하나 마나
모두가 뻔한 일이지

머니 머니

사우나탕에 가보라
돈푼이면 육신의 때도
벗겨 주는 세상인데
뭐가 그리 걱정인가
어제 떠난 사람만 불쌍하지
세상 살기 참 좋은 곳인데
겉치레만 잘해서 되겠는가
역사를 바르게 심어 줘야지
그래도 문제는 마음의 때야
어떻게 해야 벗겨지려나
Money money 해도
문화재 찾아가면 된다네

짜가 시대

일인 방송 시대에 돌입
요즘 언론만큼
홍수 시대는 없다
뉴스도 신선한 맛이 없고
짜가가 판을 친다

악화가 양화를 구축하듯
거짓이 진실의 탈을 쓰고
떳떳하게 활보한다
아니면 말고 식으로

보이는 것만 믿지 마라
세상엔 믿어야만
보이는 것도 있단다

지금 존재하지도 않은
과거에 매달려
미래를 낭비해선 안 된다

뜬구름 잡기

다 뜬구름 잡기야
원숭이 주먹을 가진 최 여사
어디 그 사람뿐이랴
주먹만 펴면 만사 소통인데

만 명의 부인을 거느린 솔로몬도
지혜가 넘쳐났지만
북이스라엘과 남유다로 분열되니
헛되도다! 헛되도다!
외쳐댔을 뿐

아줌마 떡도 맛있어야 사 먹는 시대
마음을 비워요, 비워
그리고 애쓰지 마세요

한세상 살다 가는 우리
한철 사는 꽃에서
배워요, 배워
그냥 웃는 모습을

오늘도 화장터 굴뚝에는
하얀 연기만
뜬구름으로 피어 웃고 있네요

믿은 죄 1

그때는 그랬었지
그럴 수밖에 없었지
그것이 최우선이었으니까
그런데
나는 예외였다
서로 뜻이 맞지 않아서

그러나
당근에 혹해서
곰은 밤잠 설쳐가며
열심히 재주를 부려봤지만
철통같이 믿고 최선을 다했지만
비굴하게 구는 자가 있었으니

시벌로마施罰勞馬
그것이 안 된다는 것은
난 모릅네다
정말
믿은 죄밖에

시벌로마施罰勞馬는 열심히 달리는 말(勞馬)에게 상을 주지는 못할망정 되려 벌을 준다(施罰)는 뜻.

믿은 죄 2

하나의 뿌리에서 시작해
여기까지 왔다
삼천리금수강산
무궁화꽃은 피었는데
잘린 허리 때문에
그곳은 붉은 피를 흘리고
이곳은 젖과 꿀이 넘친다
70년이 지난 지금에도

그런데
똑같은 양의 햇빛을 받았지만
그곳에는 따뜻함이 없었다
왜 그러느냐고 물으니
족가지마足家之馬
그놈의 유훈 타령 망령 때문이란다

그래도 통일은 온다고 하는데
언제 올지
나는 모릅니다
정말 그렇게 믿은 죄밖에

족가시마足家之馬는 남의 일에 참견하거나 분수에 맞지 않는 행동을 하는 사람을 지칭

믿은 죄 3

늙어서 함께 더불어
잘 살아보자고 하기에
나의 젖 먹던 힘까지 쏟았는데
사탕발림인 줄 뉘 알았겠는교

좋다, 좋다
잘된다, 잘되어 간다 하니
난들 믿고 따를 수밖에

그런데
족가고인내足家苦人惱
마음보다 정직한 것이 몸인데
늑대의 탈을 감추고 있을 줄이야
난 모릅니다
정말
믿은 죄밖에

족가고인뇌足家苦人惱는 족씨 가문의 사람으로 인해 괴로워한다는 뜻

그대에게
사랑을 주고 싶다
그대에게
사랑을 받고 싶다

6부

가을이 가기 전에

콩나물해장국

오늘 날씨 참 매섭네
매운맛이 청양고추 같네
소한이 대한을 괄시하였는지
추운 날씨 이열치열以熱治熱이라
매운맛으로 날씨 한번 달래볼까

해장술에 얼큰하고 매운
붉은 고춧가루 넣은
콩나물국 한 그릇
후루룩후루룩

봄은 아직도
먼 곳에
머물고 있지만

한 잔 술의 취기에
봄빛이 내 얼굴에
매화 꽃망울처럼
먼저 찾아와 반기네

열대야

지구 온난화 현상으로
밤에 온도와 습도가
연일 최고치의 무더위로
숙면을 취하기 어렵구나

그런데 요즘
열대야를 밀어내는
매미 소리도 더 구슬퍼졌고
불청객으로 만난
손풍기가 춤을 춘다

이렇게 더운 날은
이열치열以熱治熱도 좋지만
이수치열以水治熱로 한다니
아마도 이런 날은 찬물을
열대야는 가져야 씻고
시원하게 보낼 수 있겠지

그렇게 해서도 안 되면
차라리
회초리를 맞고 말리라
정신 바짝 차리도록
더도 말고 딱 열 대야

애간장 타는 할머님

오랫동안 소식이 없어
하늘만 쳐다보았지요
산천초목도
실지렁이마저도
생사가 하늘에 달려 있으니
하늘만 바라보는 논이지요

땅도 타들어 가고
이내 마음 타들어 가니
깊은 저수지 바닥인들
여리디여린 새싹인들
오죽이나 하겠는지요

물도 사 먹는 시대가 왔으니
가뭄에 물 쓰듯 한다는 것도
이제 옛말 된 지 오래되었네요
불타는 논에 물 들어갈 때
자식들 입에 밥 들어가듯
그때만큼은 행복하다고 하셨지요

하늘과 땅이시여 굽어 살펴주소서
우리 할머님의 애간장 타는 모습을
어찌어찌 감당하오리오
지금 붕어에게 물을 내려주지 않으면
나중에 건어물 가게서나 보게 될 테니까요

그대 철학을 먹으며

지난여름
나, 그대 만나 기분 좋았지
사랑하는 것은 행복한 거야
짧은 시간 만남이었지만
먼 동화나라에 찾아온
그런 느낌이었지

파란 하늘에
뭉게구름 둥실 떠 있고
누런 황금벌판에는
농부들의 땀방울이 여물고
길섶의 코스모스는 한들한들
고추잠자리와 춤추며 노는데
내 마음은 아직도 그대 생각에
사랑과 행복에 빠져 있었지

누군가 그랬지요
'물질을 훔치는 것은 도둑이지만
마음을 훔치는 것은 철학'이라고
나, 그대 철학을 먹으며
사랑 속에서 향기 나게 살 것이오

가을이 가기 전에

봄 여름 갈 겨울처럼
하루에도 일 년에도
아니 내 인생살이에도
계절의 변화가 오는데

여름 내내 푸르던 날
항상 그럴 줄만 알고 있었는데
이제 저 날들이 곱게 물들어가면
더 늦기 전에 사랑을 나누고 싶네

가을이 오면
누구는 어느 여인에게 편지를 쓰겠다고
또 누구는 여행을 떠나고 싶다고 했는데

가을이 가기 전에
나는, 저 단풍잎처럼
고운 잎들이 다 낙엽 되기 전에
그대에게 사랑을 주고 싶다
그대에게 사랑을 받고 싶다
내 인생 더 타들어 가기 전에

가을 손님

여름 내내
당신이 오기만을 기다렸습니다
그런데
코로나보다 더 건방지고
온몸 끙끙 앓으면서도
그렇게 도도할 수가 없었습니다

북쪽 하늘에 시커먼 구름이 잔뜩 끼었을 때나
남서쪽에서 후덥지근한 바람이
태풍을 몰고 왔을 때도
동구 밖 은행나무는 꼼짝도 하지 않았는데
내 마음만 그렇게 애달파
하염없이 하염없이 기다렸나 봅니다

이제 하늘에서도 부는 바람에서도
가을 냄새가 향긋합니다
밤하늘에는 별들이 총총
맑은 저수지에도 가득가득 내려앉았습니다.

상쾌한 가을바람과 행복한 시간을
함께 보낼 수 있게

이제 소쩍새 노래하는 기쁜 소리와
청명한 가을 햇살이
예쁘게 윙크하는 기분 좋은 시간에
꼭 찾아오시길 기다리겠습니다

미소 지으면서

가을 연가

뒤뜰 풀벌레 울 때면
매미 소리 사라지고
나 홀로 임 그리워서
울지도 못하는 신세

단풍잎 곱게 물들면
임 그리는 나를 대신
울어라 울고 또 울어
이 가을 저물 때까지

연서

저기 뜰아래
잔뜩 쌓인 낙엽들은
사랑하는 그 임이
보내온 엽서인가요

어제도 오늘도
계속해서 쌓이는데
이내 마음 울적하니
그리움만 가득하네요

눈이 내리던 날

하얗게 눈처럼 웃어봐요
그리고 너무 슬퍼하지 말아요
눈이 내린다고 해서
한 해가 다 가는 것 아니니까

눈이 쌓이면 먼저 생각나는
그리운 친구와 나의 고향
지금 무얼하고 있나
그때를 기억하고 있는지

고향에 있는 흰둥이도
꼬리치며 달려나와
반기던 그 시절
눈이 내리던 날이
마냥 그리워지네

눈이 녹으면 그리움도
얼었던 냉가슴도
더욱 훈훈해질 거야
따스한 고향의 햇살처럼

눈꽃

하얗게 변한 시골 벌판
간밤에 천사가 다녀간 듯
묘소엔 솜이불로 가득하네.

죽은 이매창이 통곡하였나
뽕주酒는 붉게 피멍 들어
가슴에 시름 가득 적시네

사뿐히 내려앉은 백설은
상갓집 여인의 소복 같고
우유를 쏟은 듯 하얗구나

가지마다 쌓인 나의 한은
바람이 서럽게 불 때마다
눈꽃으로 변하여 춤을 추네

조국의 가슴에
피우지 못한
그리움뿐,
한 송이 꽃이라서

7부

마지막 소원

나무는 말이 없는데

속리산에 가면
법주사 가는 길섶에
정이품 소나무가 버티고 있다

축 늘어진 나뭇가지가
길을 가로막고 있다가
어가 행차 시에
어깨를 들어올렸다고
벼슬을 받았다는데

북악산에 가면
간첩 일당이 교전할 때
총알 열두발 맞은 소나무가 있다

탄흔마다 하얀 페인트로
자랑인 듯 상처인 듯
보는 이마다 섬뜩하고
탄성이 연발이구나
너 아니었더라면

똑같은 나무이지만
때맞추어 줄 잘 서 출세하는 이도 있는데
후미진 언덕에서 대신 총 맞은 상이용사는
지금도 말이 없구나

누구 입은 정승이고
누구 입은 하인인가

중동에서 온 괴물

거기엔 야릇한 꼼수가 있다
분명 머루치가 아니라 했고
날개가 없어 날지도 못하며
보름간 잠복하는 메르스라고

보지도 듣지도 못한 것을
맛이나 제대로 밝혀내겠는가
이름하여 '중동 호흡기 증후군'
질병 공포 때문에 매일 헤맨다.

우리 근로자가 신화를 일으켰고
동화 속 아라비아 공주가 살았고
날계란이 후라이가 되는 나라로
이제 한국적 메르스로 자리를 잡나

이웃 나라들은 저렇게 조용한데
하나의 땅벌이 벌집 쑤셔놓듯
일파만파로 서민 경제 뒤흔드는
중동 괴물이여! 떠나라, 어서 빨리

메르스가 뭔데

온 나라가 시끌벅적하네
코르스로 둔갑 침투한 메르스
의료진들의 최후 치료선까지

맑은 하늘에 마른 먹구름만
비는 오지 않고 근심만 주니
비라도 내려 싹 쓸어 갔으면

가뜩이나 경제도 어려운데
'00병원 다녀오신 분 출입금지'
민심까지 씁쓸하게 되어가네

환자와 망자는 무슨 죄인인가
사람 모인 곳에 발걸음이 뜸해지니
월드컵의 4강 정신은 실종되었나

암癌아

암아, 반갑다, 잘 있었니
얘가 나하고 살고 싶다고 찾아왔네
잘 대접해서 보내야 할 텐데
서운하지 않게

암아, 살고 싶으면
어서 이곳에서 떠나라
멀리 보이지 않는 곳으로

요놈이 저 죽는 줄 모르고
나를 죽이려 하네
나 죽으면 너도 따라
죽는단 말이야

암아, 너 죽고 나 살자
내가 너를 죽여야
내가 암에서 해방된단 말이여
모두가 너를 지켜보고 있으니
어서 잘 가시게, 안녕

마지막 소원

애달픈 이별이라
애간장 찢어진다네
어떤 죽음이든
조국의 가슴에 피우지 못한
그리움뿐, 한 송이 꽃이라서

이제 어버이날에
카네이션은 꿈도 꾸지 않는다
돈도 다 필요 없다
딱 하나 소원이 있다면
살아 있는 자식 보고 싶은 거다
내 새끼 단 한 번만이라도

한 방으로

요즘 한 방에
가는 수가 있단다

지난번 독감에 걸려
며칠간 고생하니
한방차가 좋다고 권한다
생강차, 대추차, 쌍화차~
한방에 애착이 간다

그런데
병원에 가서 주사 한 방이면
된다고 옆에서 거든다
요즘 복권도, 주식도, 가상화폐도
한 방에 한탕
코로나19나 암 같은 난치병도
한 방에 고치면 얼마나 좋을까

그러나 우리에게는 한 방은 없다
가랑비에 옷이 젖는다고

꾸준히 지속해서
내 몸과 약의 조화로
한방이든 양방이든
마음부터 잘 먹자

한 방에
현혹되지 말고
한방으로
면역력을 기르자

이별보다 더 슬픈 그리움

이따금
구름산에 올라갔다
보고 싶은 너는
보이지 않고
하늘만 흔들리고 있었다

새들이 날아와 울기 전에
우리는 꼭 만나리라
세상은 메아리가 있는
아름다운 곳이니까
그렇지만
서둘지 마라
서두를수록 망가지는 게
인생살이란다

슬픔은 남아 있는 자의 몫이라고
흘린 땀 맛을 알아야
인생의 가치를 아는 거라고
외쳐본다

너의 마음이 하얗게
물들 때까지

그런데 너는
끝내 보이지 않는구나
아직도 너에게 전해줄
마지막 사랑이 남아 있는데

정은이의 마지막 하소연

제가 무슨 잘못했나요
태어난 게 잘못인가요
입양된 게 잘못인가요

그러려면 뭐하려고
어린 저를 데려다가
수시로 화풀이인가요
그냥 죽어도 억울한데
매 맞아 죽다니
매 맞을 때는 빨리
어른이 되고 싶었어요

경찰 나으리
신고 전화 받았을 때
조금만 더 살펴봐 주시지요
억울해요, 억울해요

나의 죽음을 이용하지 마세요
평소에 거들떠보지도 않고

입으로만 ‘아동학대 방지법’
외치면 뭐하나요

차라리
양육할 자신 없으면
세상에 보내지 마시지
그만들 하세요, 이제
소 잃고 외양간 고치지 말고

나는 하늘나라에서
천사들과 잘 지내고 있으니
걱정을 마세요
이제 제발 저와 같은 일이
재발하지 않도록
평상시에 잘 살펴 주시길

이제나 저제나

'강민아,
에미 말이 들리느냐'
오늘도 눈이 빠지도록
너만을 기다린다

에미 생일 케이크를 가지고
온다던 아들, 내 새끼 강민이를
기다리다 애간장 다 녹아
혼절할 기력마저 없구나

아는지 모르는지
애타는 이 에미 마음을
이제는 눈물, 콧물, 흘릴 침도
더 이상 보여줄 게 없단다

나풀나풀
무심한 바람결에
멈추지 않는 노란 리본만
한없이 원망한다
지금도 팽목항을 바라보며

미친 그리움 때문에

터진 입[口]이라고
함부로 놀리지 마라
모두가 삶의 여정에서
비롯되었다

미물이라도
생명은 다 귀한 것
똑같이 하나뿐인데

아직도
맹골에서 헤매는 아홉 영령들
설움이 북받쳐
가슴이 뜨거워지면
미친 그리움은 팽목항에 가득하다

우리는 가슴에 묻지도 못한 채
너와 나의 찬란한 꿈들을
세월호에 뺏긴 지 오래다

아직도 잠꼬대하네

"마스크 꼭 쓰고, 손 잘 씻어요,
바이러스는 귀천을 가리지 않으니"

지금이 위기 상황인데
그것도 코로나바이러스 때문에

어쩌자고 인민의 삶은
아랑곳하지 않고
미사일 도발인가
그리고
개성 연락사무소를 폭파해

여성으로서
고위급 간부로서
품위라고는 찾아볼 수가 없구나

인간으로서 한심한지고
동방예의지국의 후예라더니

아서라
주둥이 놀리는 걸 보니
평화통일은 요원하기만 하구나

진실은 외면하지 않는다

70여 년이 지난 세월 속에
북침이냐 남침이냐 말장난에
인민군은 하늘로 솟아버리고
중공군은 땅속으로 사라졌으니
세상천지 어디에서 찾을 건가

북괴를 북한군으로 부르고
중공군이 참전으로 둔갑하고
연합군은 참전이 아닌 개입이라니

'아아 어찌 우리 그날을 잊으랴'

삼팔선이 휴전선으로 바뀌면서
천만 이산의 고통까지 준 전쟁을
아직도 그곳에 포성은 멎었지만
불사르던 젊은 영혼들이 있으니

지식인, 학자들, 선생님들이여
우리 역사를 왜곡하지 말지어다

하늘이 알고 산천초목이 반기는
바른 역사를 후손에게 물려 주자

그림자는 밝은 빛이 있어야 생기는 법인데

나의 마지막 여생을
노랗고 곱게 물들여
새 생명의
밑거름이 되고 싶다.

8부

저 강아, 묻지 마라/ 서평

저 강아, 묻지 마라

내가 건너온 세월을 저 강아, 묻지 마라
그 세월 속에는 희로애락이 녹아 있다
비눗물처럼 뿌옇게

개구쟁이 친구와 같이 즐거웠던 시절도
전쟁의 포화 속에 할머님 손을 잡고
강변 숲속 피난길도

청소년 시절
젊은 베르테르의 사랑도 꿈꾸어 보았고
젊음을 불사르고 싶어 한없이 방황의 길로
배낭 하나에 의지도 했다

한때는 영웅심에 빠지고
애국심에 도취되어 푸른 제복을 입고서
팔도강산을 누벼도 봤다

이제 희수喜壽의 길을
눈앞에서 바라보며 큰 걱정은 없지만

유유히 흐르는 저 강은 다 알고 있을 것이다
나의 모든 것을
말을 아낄 뿐이다
더는 묻지 않고 있으니

저 강아, 묻지 마라
이별의 슬픔을, 만남의 기쁨을
나의 마지막 여생 노랗고 곱게 물들여
새 생명의 밑거름이 되고 싶다
이제 저 은행잎처럼

소요산에서

꽃이 지니
벌나비 떠나가고
고운 단풍잎이 떨어지니
산새들 하나 둘 숲을 떠나네

그러나 나는, 나는
임이 머물자 해도
어쩔 수가 없다
이곳에 마음만 머물 수밖에

먼 훗날 그 임이
다시 찾아 반겨준다면
내 마음 그곳 소요산에서
이정표가 되어 반길 것이네

영흥도 해변

한 차례 세차게 내려치는 폭풍우
아무리 내리꽂혀도
아프지는 아니하지만

하늘을 향해 울부짖는 소리
보지 않을 수 있어도
듣지 않을 수는 없었네

굽이굽이 밀려온 파도는
하얀 꽃을 피우고
내 꿈은 그곳에서 검게 부서졌네

최저 임금 인상은

부천에서 공장을 운영하는 후배는
'노동자야 밖에서 파업해도 월급은 나오지만
우리는 그럴 수도 없다.' 며 투덜댄다

더 버틸 여력이 없다며
아직은 최저 임금을 논할 때가 아니라고
폐업을 준비하고 있었다

최저 임금도 못 주는 소상공인은
쫄딱 망하는 게 낫다며

사장은 망해서 문을 닫으면 그만이지만
최저 임금을 받는 근로자는
일자리를 잃을 텐데 어디로 갈까

'최저 임금 인상' 누구를 위한 일인가
다 같이 함께 나누며 잘살자는 것인데~
글로벌 선진국 국민으로서

한 그루 나무처럼

나 하나 잘해서
좋은 사람 된다고
세상이 크게 변할 거라
생각하진 않는데

나도 잘해 착해지고
너도 잘해 착해진다면
착하고 좋은 사람으로 가득할 테니
아름다운 세상이 되지 않겠냐

아름답고 살기 좋은 이 세상에서
매년 한 그루의 나무를 심는다면
백두산부터 한라산까지 온통
삼천리 푸른 강산이 될 텐데

구름산 수목원

오늘도 당신 품에 안겨
잠시 쉬었다 내려갑니다

아름다운 숲내음 그윽한 향기를
가슴 가득 담아서
사랑하는 나의 소중한 가족들이
기다리는 나의 안식처로

비가 오나 눈이 쌓이나
날마다 흐르는 세월 속에서
지친 삶 위로받고 응석도 부리며
때로는 안기고 안아도 보면서

오늘도 당신 품에 안겨
힐링healing하고 내려갑니다

남은 인생은

발아래 모든 것들이
산에 올라가면
나를 올려다보는데
아등바등하는 이유는 뭘까

이 세상, 영원히 살 것도
행복한 사람만 사는 곳도 아닌데
저기 공원묘지에 잠든 분들
근심 걱정 없이
가장 행복한 날 보내네

쇠심줄보다 질긴 것이 목숨인데
젊어서 삶의 터전 만들 때는
모두가 소금물에 파김치 되었었지

남은 인생 멋지게
추운 날씨에
따끈한 우동 국물 맛처럼

젊음아, 머물러 다오

늦가을 같은
지금의 우리네 인생
어른이 되기를 그리도 바랐건만
어른이 되고 지내 보니
이제는 젊음이 그리도 좋았던걸

아!
천하를 좌지우지했던
그 청춘과 기백도

지금은
꽃단풍 되어
서산의 노을 속으로
하나하나
사라지고 있구나

가을바람에 국화처럼
외롭고 쓸쓸했지만
내 마음은 아직도 청춘
젊음아
내 곁에 오래오래 머물러다오

명품 수화

경매 시장에 갔다
우린 알 수 없는 손짓으로
손가락을 모자 속에 모으면서
입으로는 옥련아, 옥련아
연신 외치는 것을 보았다

그러더니 옆에 아저씨가
와~~ 와~~
가격이 잘 나왔다면서
기분 좋아하셨다

도무지 문외한으로서는
쉽게 이해가 되지 않지만
분위기를 잡는 소리
호창까지 일품이다

군부대의 작전 신호나 야구 경기에서
심판의 손놀림과
청각장애인이 사용하는
수화와는 또 다른 명품이다

명 판결

고등법원 출두명령 12일 오후 3시
본관 301호 부장 판사실
난생처음 들어가 본다

"항고한 자에게 묻는다. 이유가 무엇인가요?"
'금액 조정 문제' 란다
1심에서도 조정하여 감액을 해 주었건만
2심에서 또 요구한다

몇 개월 동안 질질 끈다
자잿값에 이자까지 하면 엄청나게 많은 감액이다
아, 어찌하나! 좋다.
"요구대로 해줄 것이니, 대금결제를 빨리 하라" 했다.
아니, '9월 중순' 이란다.

판사님이 '괜찮겠느냐' 고 묻는다.
나는 아니된다 거절하였다.
대금 감액도, 지급 기간도, 모두가 제멋대로다.
판사님이 거들었다.
"8월 말까지 지급하라!" 하신다.

- 몇백만 원~ 깎아주는데, 동네 뉘 집 개 이름 부르듯

기십만원도 벌려면, 얼마나 힘든 세상인데
외상 판매로 고객 잃고, 돈 잃고, 관리 못 해 손해 보고-

저런 사람들이 없어야, 아름다운 세상 찾아온다.
하기야 저분들 때문에, 밥 먹고 사는 사람 있다.

"판사님, 명판결입니다"
그들은 법이 준, 책임과 의무를 다하는 봉사자들이다.

유리잔 속의 경제학

새마을 노래는 확성기에서 계속 울려 퍼지고 새마을회장은 안내 방송에 바쁘다.

"후후, 후~후
마이크 시험 중
시민 여러분, 시민 여러분!
오늘 서울에서 높은 분이 오신다니 점심 빨리 드시고 오후 2시까지 공설 운동장으로 나오시기 바랍니다."

시내 곳곳에 삼엄한 경계가 취해졌다. 그뿐 아니라 공설 운동장도 마찬가지였다. 서울에서 내려온다는 높은 분 때문에 시내는 파리가 춤출 정도로 한산하고 모두가 그분의 보릿고개 넘길 해법을 귀에 담으려고 공설운동장에 집결하였다.

드디어 경호차 무리 속에서 내린 검은 선글라스가 단상에 올라섰다.
정중하게 허리를 굽힌 후 본인 소개를 하며 차분하고 깐깐하게 하는 연설이 귓가에 솔깃하고 고리채 정리에, 새마을 운동에 살맛도 나고 시민들의 감응과 반응, 호응이 좋았다.

연설 도중에 '여러분을 여러 차례 또, 알겠습니까!' 를 반복하면서 공설 운동장을 떠나갈 듯이 쩌렁쩌렁 울렸다.

그런데 갑자기 단상의 빈 유리잔을 번쩍 들고서 '여러분 보입니까, 이 잔 속에는 지금 아무것도 없습니다. (잔을 뒤집어 보이며) 완전히 비어 있어요.'

'………'

장내는 쥐 죽은 듯이 조용했다.

'현재 우리나라 국고는 이렇게 텅 비어 있어요. 그러니 국민이 배가 고플 수밖에요.' 그리고서 오른손으로 주전자의 물을 따르고 있었다. 빈 유리잔의 1/4 정도 채우고서 멈췄다.

'자 이거 보세요.

지금 정부에서는 대일청구권 자금과 차관을 받아 공장을 짓고 국토건설을 하려고 하는데, 야당에서는 그것을 나눠 먹자고 합니다. 겨우 바닥에 조금 쌓였는데 그걸 나눠 먹어버리면 (우선 먹기는 곶감이 달다고~)

다시 국고가 텅 비어버려 또 고생하게 됩니다.

우리 다 함께 아껴 저축하고 허리띠를 더욱 졸라매어 참아내야 합니다.'

(여기저기서 웅성웅성 소란하다.)

그리고 유리잔에 2/3 정도의 물을 더 채우고서 ‘그 돈으로 1차 경제개발을 하여 5개년 계획이 끝나는 해에는 이렇게 됩니다.’ 유리잔을 가리키며 운동장이 떠나가도록 큰소리로 외쳤다.

계속해서 유리컵에 주전자의 물을 넘치게 부으면서 ‘앞으로 이 상태에서 멈출 수가 없습니다. 2차 3차 경제개발로 매년 경제가 발전하면 마침내 국고는 꽉차 넘쳐날 것이며 국민 마이카 시대가 되어 부산에서 아침을, 서울에서 일보고 점심을, 저녁은 부산에서 또 복지 혜택으로 국민이 가만 있어도 편하고 행복하게 살아갈 수 있습니다.’ 라고 강조하며 ‘중단 없는 전진'을 할 수 있도록 믿어달라’ 고 부탁하였다.

주전자의 물은 유리잔에서 저절로 넘쳐흐르고 있었다. 연단으로 흐르는 물을 보고 주민들은 기립 박수를 보냈다.

- 술을 마신 듯 밝은 화색이 시민 얼굴에 가득하였다.-

그렇게 해서 국민의 선택으로 ‘중단 없는 전진’ 이 되어 그날이 올 때까지 함께 허리띠를 졸라매고 열심히 농어촌과 산업현장에서 땀흘려 큰 성과를 이룩하게 되었다.

그런데 오늘날 이게 어찌된 일인가. 지금도 그 유리잔은 넘쳐흐르고 있는지

홍청망청…,

민주화를 외쳐대는 동안 한쪽에서는 부정축재와 부패로 경제가 곪아터지고 있으며 사회 갈등과 도덕 불감증으로 혼잡스럽고 복지와 방위비는 하늘이 높은 줄 모르게 치솟고 국고가 가득차서 넘치는 것이 아니라 그 유리잔 속에는 외채로 가득차 있으니 이제라도 삼천리 방방곡곡에 새마을 노래가 다시 울려 퍼지고 국민 정신을 새마을 정신으로 바꿔 보수든 진보든 서로서로 끌어안아 우리의 국력을 한마음으로 뭉쳐야 합니다.

얼어붙은 휴전선 너머에도 "유리잔 속의 경제학" 으로 자유와 평화가 깃들게 하면, 우리 시대에 통일은 저절로 굴러오지 않을까요. 그러면 완전 대박이요. 대박은 곧 창조 경제 통일로 세계 경제 대국으로 이어질 것입니다.

詩人意識과 作品性向에 對한 考察
-시집 「시가 뭔데」를 中心으로

문학평론가 I.A.E.University
석좌교수 金　仙

석강夕江 김석인 시인을 대하면 "글은 그 사람" 이라는 프랑스 사상가 뷔퐁의 말, "드문드문 걸어도 황소걸음" "늦게 난 뿔이 더욱 우뚝하다." 는 말의 의미도 함께 떠올리게 된다. 석강 시인은 마치 "25시를 향한 소처럼 우직하고 성실한 면모, 휴먼 네이처(Human Nature)의 풍모를 지녔다. 『좁은문』의 작가 앙드레 지드는 생세리떼(sincérité) 즉 성실함의 중요성에 대해 설파하였다. 석강 시인의 이미지에 부합되는 말이다. 이번에 상재한 그의 작품을 통독한 후 그의 "시인 의식과 작품 성향" 에 대해 간략히 하이라이트로 논급하겠다.

지금부터 괄호안의 문자표기는 필자가 편의에 의해 써넣은 것이므로 이점에 대해 이해를 바란다.

(A)
유난히도 추웠던 지난겨울
추위를 많이 타다 보니

책을 보거나 컴퓨터 앞에 앉아서 시간을 보내는데
오늘따라 마님의 잔소리가 이만저만이 아니구나

"여보 보일러 온도 좀 줄여요
지난달 도시가스 요금이 엄청 올랐어요
춥다 춥다 하면서 밖에는 잘도 쏘다니며
집에만 있으면 추워 안절부절못하는데
갑자기 무슨 바람이 불어 시詩를 쓴다고
시인들은 춥고 다 배고프다고 합디다
그놈의 시가 사랑을 줘요, 밥을 줘요"

한바탕 찬바람이 휑하니 지나고 나면
머릿속에 아무 생각도 남는 게 없으니
'여보, 삶 자체가 예술이라오
모든 예술은 시詩로부터 탄생한다는데'

「시詩가 뭔데」 全文

(B)
시詩는
광명시장에도 있고
구름산 새소리에도 있고

우리 가슴속에도 있었다
어느 날 그를 찾으러
막걸리와 빈대떡을 가지고
계곡과 둘레길을 걸으며
내 가슴속을 한참 후벼 보아도
그는 보이지 않았다

그런데
매일 오가며 다니는 길에서
특별한 날도 아닌데
반가운 그를 만났다

시詩는 내 삶 속에 있었다

「시詩를 찾아」 全文

위 두 작품에 대해 말하자면 '시인은 가난하고 현실에 잘 적응하지 못하는 무능한 존재' 라고 여긴다. 일반적인 사회통념과 크게 다르지 않다. 그러나 시인은 시를 목숨처럼 여긴다. 물고기가 물을 떠날 수 없듯이, 시인에게 있어서 시는 마치 잠수부에게 산소 파이프 같은 생명줄이다. 저 유명한 천고의 시인 이태백과 두보뿐만 아니라 수많은 유명 무명의 시인이 숱한 어려움과 가난에 시달렸다, 그러나 그들은 시와 함께 혼연일체의 생활을 영위하였다.

'저승 가는 데도 노자가 든다면/ 나는 영영 가지도 못하나'

천상병 시의 구절에서도 보듯이 시인들은 비록 가난할지라도 그들이 남긴 작품들은 인류사에 더없이 귀중한 보고寶庫, 많은 분에게 영혼의 등불 같은 존재로 전해진다. 그러나 가난한 시인, 그들의 가족, 그 아내를 통하여 보자면 생활면에서는 그 실상의 참담함을 보여준 바 있다.

'갑자기 무슨 바람이 불어/시를 쓴다고/시인들은 다 춥고 배고프다고 합디다'

아내의 지적은 그릇된 말이 아니다. 그러나 시인은 돈도 못 되고 쌀도 못 되는 시를 버리지 못하고 숙명처럼 시인의 길을 택한 존재이다.

「시가 뭔데」라는 제목에서 풍기는 뉘앙스에 관해 그 의미를 유추하자면 정답을 구하기 어렵다. 각자 나름대로 주관적인 정의를 내릴 수는 있을지라도 그것은 마치 수학 공식의 정답은 아니다.

예컨대 T.S 엘리어트가 "시는 사상을 장밋빛으로 감각시키는 것" 이라고 했는데 그것은 누구에게나 보편타당한 공식적 정답이 아니다. 시는 정오正誤와 다른, 맞다, 틀리다 라는 것이 아닌 시인의 성향과 표현과 공감성, 감동적 호소력에 의해 각자 다를 수 있다는 것을 의미하는 것이기 때문이다.

한정된 지면에서 현학적인 시론詩論을 개진開陳하는 것은 생략하고 시인의 작품을 예시例示하면서 주로 시인의 시인 의식과 그 인상적 특성에 대해서도 간략히 아울러 논급하기로 한다.

8부로 구분된 작품 중에서 무작위로 예문例文으로 삼겠다.

왜놈 떠난 지 70여 년
한반도는 아직도 허리가 아프다

「호국 영령들이여」 一部

올가미로 허리를 묶어
흐르는 혈맥을 잘라
숨이 막히게 하다니

「통일이여 통일이여」 一部

봄아 어서 빨리 오라
북녘땅을 따스한 자유의 햇살로
용광로 쇳물 녹이듯
휴전선의 녹슨 철조망으로 평화 메달 만들자
아, 휴전선의 봄은 언제 오나

「휴전선의 봄은 언제 오나」 후반부

통일에 대한 열망의 의미가 점철된, 시인의 통렬한 상황 인식이 독자에게 공감대를 확장시킨다.

'철조망으로 / 평화 메달을 만들자' 이러한 시구詩句에서 보듯이 언어예술로서의 감각적 형상화가 효율적으로 묘파되고 있다.

우리를 등에 업고 날아가는독수리의 두 날개는사랑과 행복입니다

「사랑과 행복」 中에서

어떤 이해관계 없어도
투명하고 울림을 주는 사람
내 맘의 맑은 거울처럼

「그 사람」 中에서

새벽녘에야 토끼 인형 가슴에 꼭 안고
새록새록 잠이 드는 걸 보면
東~河~야
꿈속에서 아빠 만나고 오너라

「우리 손주 동하」中에서

귀엽고 깜찍한 사내아이! 때맞춰 필요한 단비처럼세상에 잘 어울리는 보물

「우리 손주 時雨」中에서

혈연에 관련된, 손주들에 대한 무한한 사랑이 담겨 있다.

사랑은 수많은 형태를 지닌, 그 대상도 다양하다.

성현 군자들의 인류애를 비롯한 거룩한 사랑, 아가페적인 사랑, 플라토닉 러브, 에로스적인 사랑 등등 그 대상은 서로 다르고 성향이 달라도 사랑은 인간의 삶이 존속하는 과정에서 절대적 필연성, 연기 관계를 지닌다.

사랑 없이 살아가는 생명은 모든 희망이 결여된 허수아비, 동물적 삶이나 다름없다.

그렇게 소중하고 절대적 가치를 지닌 존재이다. 그러나 사랑은 한뿌리에서 갈라진 행복과 불행의 요소, 한몸에서 갈라져 나온 가지이자 분리되기 어려운 절대적 상관관계를 지닌다.

예시한 작품에서는 혈연으로 맺어진 사랑의 주제가 행복, 희망 등 무한한 긍정肯定의 경우에 해당된다. 사랑하고 사랑받은, 그것은 행복의 근원이 된다.

(A)
먼 하늘나라
가고 싶어 갔는지
아니면
오라고 한다 해서
새벽차로 떠났는지

지금은 볼 수도
소식도 받을 수 없어
경숙아 잘 있제
하나님은 심술쟁이야

왜
내가 사랑하는 사람을
너무 예쁘다고
머나먼
당신 곁으로 숨겨뒀는지
엘리자베스 테일러도
오드리 헵번도
아니 자옥이도 말야
훔쳐 갔으면 되었제
뭐가 부족해서 또
너에게까지 손 벌려야 했나

「하나님은 욕심쟁이」 全文

(B)

이따금
구름산에 올라갔다
보고 싶은 너는
보이지 않고
하늘만 흔들리고 있었다

새들이 날아와 울기 전에
우리는 꼭 만나리라
세상은 메아리가 있는
아름다운 곳이니까
그렇지만
서둘지 마라
서두를수록 망가지는 게
인생살이란다

슬픔은 남아 있는 자의 몫이라고
흘린 땀 맛을 알아야
인생의 가치를 아는 거라고
외쳐 본다
너의 마음이 하얗게
물들 때까지

그런데 너는

끝내 보이지 않는구나
아직도 너에게 전해줄
마지막 사랑이 남아 있는데

「이별보다 더 슬픈 그리움」 全文

(A)와 (B)의 두 작품은 사랑에서 비롯된 슬픔과 고통이 주조를 이룬다.

이 글을 읽고 나면 불교에 관련된 이미지가 연상된다. *A*와 *B*를 한데 묶어 보자면 모든 인간들은 생명을 부여받고 삶을 영위하는 동안 숱한 인간관계를 맺게 되고 만남과 헤어짐의 과정에서 슬픔과 괴로움을 겪게 된다.

"사랑하는 사람도 가지지 말라
미워하는 사람도 가지지 말라.
사랑하는 사람은 못 만나서 괴롭고
미워하는 사람은 만나서 괴롭나니…."

시인은 사별死別한 '경숙' 이란 대상으로 인해 엘레지를 자아낸다.

불세출의 대성현 부처님의 법구경法句經의 가르침이 절실하게 어필된다.

인因과 인因으로 인해 비롯되는 연기법에 의한 고통의 원인에 대해 많은 가르침을 안겨준다. 작품 A에서는 김소월의 「초혼」을 연상케 하는 바 있다.

사랑의 대상이 행복이라면 그 대상이 미움과 증오로 변할 수도 있고 본의 아닌 이별은 슬픔과 고통으로 변하기도 한다. '쇠에서 녹이 생겨나고 녹이 쇠를 먹어 버리는 경우처럼' 행복과 불행은 한뿌리에서 생겨난 가지에 비유되기도 한다.

부처님께서는 애욕도 원망도 만들지 말라고 하셨다.

애정의 상대가 사라지면 고통이 생겨나고 원망을 지니게 된다.

우리의 마음속에 사랑하는 마음이 생기면 미워하는 편견도 함께 생겨나고 그로 인해 고통과 원망도 동시에 생겨난다고 일깨운다. 이러한 논조로서 모든 만남과 이별, 사랑은 그만큼 고통으로 작용한다고 가르치고 있다. "신神은 사랑하는 대상을 먼저 데려간다." 는 말의 의미를 떠올리게 한다.

(A)
'강민아,
에미 말이 들리느냐'
오늘도 눈이 빠지도록
너만을 기다린다
에미 생일 케이크를 가지고
온다던 아들, 내 새끼 강민이를
기다리다 애간장 다 녹아
혼절할 기력마저 없구나

아는지 모르는지
애타는 이 에미 마음을
이제는 눈물, 콧물, 흘릴 침도
더 이상 보여줄 게 없단다
나풀나풀
무심한 바람결에
멈추지 않는 노란 리본만

한없이 원망한다
지금도 팽목항을 바라보며

「이제나 저제나」 全文

(B)
제가 무슨 잘못했나요
태어난 게 잘못인가요
입양된 게 잘못인가요

그러려면 뭐하려고
어린 저를 데려다가
수시로 화풀이인가요
그냥 죽어도 억울한데
매 맞아 죽다니
매 맞을 때는 빨리
어른이 되고 싶었어요

경찰 나으리
신고 전화 받았을 때
조금만 더 살펴봐 주시지요
억울해요, 억울해요
나의 죽음을 이용하지 마세요
평소에 거들떠보지도 않고
입으로만 아동학대 방지법

외치면 뭐하나요

차라리
양육할 자신 없으면
세상에 보내지 마시지,
그만들 하세요, 이제
소 잃고 외양간 고치지 말고

나는 하늘나라에서
천사들과 잘 지내고 있으니
걱정을 마세요
이제 제발 저와 같은 일이
재발하지 않도록
평상시에 잘 살펴 주시길

「정은이의 마지막 하소연」 全文

작품 (A)와 (B)는 우리 사회에 엄청난 충격과 비극을 안겨준 문제를 다루고 있다.

이른바 세월호와 정은이 사건과 관련된 공동운명체로서의 비극들을 문제의식을 첨예한 시각에서 심도 깊이 천착하는 문제작이다.

인간성 상실된 시대에 인간성 회복에 대한 염원이 내재된 작품이다.

인간성이 상실된 이뉘마니떼 현상에 대해 시인은 준엄한 양심의 비수로 사회의 부정적 현상에 메스를 가하고 있다. 가치관의 혼돈 속에서 가슴 없이 살아가는 비정하고 살벌한 세태에 만연된 부정적 사례에 대해 영혼의 피 울음을 자아낸다. 「25시」의 작가 게오르규는 "시인이 괴로워하는 사회는 병든 사회"라고 규정한 바 있다.

그와 같은 동질의식同質意識의 연장선상에서 패악한 사회의 생명 경시 풍조, 거기에서 비롯된 온갖 악행과 범죄의 해독에 대해 각성을 일깨우고 경종을 울려주는 내용이다.

아울러 인간성 회복의 필요성에 대해서도 보편타당한 공감대를 제시한다.

내가 건너온 세월을 저 강아, 묻지 마라
그 세월 속에는 희로애락이 녹아 있다
비눗물처럼 뿌옇게

개구쟁이 친구와 같이 즐거웠던 시절도
전쟁의 포화 속에 할머님 손을 잡고
강변 숲속에 피난길도
청소년 시절
젊은 베르테르의 사랑도 꿈꾸어 보았고
젊음을 불사르고 싶어 한없이 방황의 길로
배낭 하나에 의지도 했다.

한때는 영웅심에 빠져서
애국심에 도취되어 푸른 제복을 입고서
팔도강산을 누벼도 봤다

이제 희수喜壽의 길을
눈앞에서 바라보며 큰 걱정은 없다지만
유유히 흐르는 저 강은 다 알고 있을 것이다
나의 모든 것을
말을 아낄 뿐이다
더는 묻지 않고 있으니

저 강아, 묻지 마라
이별의 슬픔을, 만남의 기쁨을
나의 마지막 여생을 노랗고 곱게 물들여
새 생명의 밑거름이 되고 싶다

이제 저 은행잎처럼

「저 강아 묻지 마라」 全文

저무는 인생의 저녁 강가에서 외로이 거닐며 인생칠십고래희人生七十古來稀라는 옛 시인의 글귀를 연상시키게 한다. 지나간 날들에 대한 델리케이트하고 복잡다단한 심회에 젖어들게 될 것이다. 인간의 오욕칠정, 희로애락, 사랑과 미움 등의 지나간 날들에 대한 회억回憶과 성찰省察… 자옥자옥 피맺힌 그리움과 미련 등이 파노라마처럼 밀려드는 절실함이 배어난다.

중국의 옛 시인이 남긴 시구詩句들, 탄식적 이미지를 반추시킨다.

시인이 체험한 지나간 날들에 대한 새록새록 저려 드는 피맺힌 정한情恨들, 만남과 헤어짐, 사랑과 미움, 기쁨과 슬픔들이 독한 술처럼 찌르르 가슴에 파고든다.

석강夕江!

그의 호처럼 인생의 저무는 강가에서 홀로 사색에 잠긴 시인의 고독한 환영幻影이 파노라마처럼 명멸한다.

핏빛 노을이 곱게 타오르다 서서히 잦아드는 배경 속에서 처연함이 서려나는 비가悲歌. 시인이 가슴으로 홀로 부르는 엘레지 성향을 지녔다.

피히테의 말이던가,

"한 알의 모래가 저기에 있지 않고 여기에 있는 사유를 밝힐 수 있다면 우주의 철리哲理를 밝힐 수 있을 것" 이라고 했던 그 진의眞意를 감지感知시키는 내용이다.

천고일성千古一聖이라는 공자 대성현께서도 노년에 이르러 흐르는 양자강을 바라보며 자신의 소회를 이렇게 토로 탄식했다고 전해진다.

"아 아, 가는 자, 또한 이러한가, 밤낮을 가리지 않고…"

석강夕江 시인의 「저 강아 묻지 마라」에는 흡사 피에타상의 이미지, 페이소스와 멜랑콜리의 요소도 포함되어 있다. 박재삼朴在森 시인의 "울음이 타는 가을 강을 보겄네" 그 명시의 끝 소절에서 느껴지는 동질의식同質意識의 공감대를 유추하게 된다.

지금부터 석강夕江 시인의 시인 의식과 작품 성향에 대해 간략히 정리하겠다.

석강의 작품 속에는 남보다 투철하고 첨예한 역사의식, 예리한 비평안을 지닌 참여의식, 이웃의 고통을 함께 아파하려는 이타행利他行의 의식을 지녔다.

마치 프랑시스 잼이 노래한 당나귀의 이미지, "잎새에 이는 바람" 에도 괴로워했던 윤동주 시인, 게오르규가 말한 "시인이 괴로워하는 사회는 병든 사회" 라고 규정했던 그러한 시인 의식을 지녔다.

해당 작품「저 강아 묻지 마라」자신이 지금껏 살아오는 과정에서의 체험적 요소, 지난날들을 반추하는 회억回憶들이다.
세월의 흐름을 '강' 이라는 대상, 사물의 의인화 기법을 구사한다. 시인에게서의 강은 지난날들을 반추하는 거울이자 독백적 요소를 수용하는 대상이다.
이 작품은 시인의 지난 생애를 객관적으로 함축시켜 토로하는 화자話者이자 시청의 대상이다.

시인의 지난 생애가 함축되고 축약된 체험적 독백과 멀지 않아 바다(무의식의 세계, 즉 죽음)에 이르기까지의 시인의 마감적 이미지를 지닌 일종의 묘비명墓碑銘, 유언遺言의 의미가 담겨 있다. 한정된 지면이라서 이만 아쉽게 펜을 놓아야 한다. 훗날 기회가 주어지면 다른 지면에서 보완하여 논급할 것을 밝혀둔다. 향후 절차탁마, 정진하여 훌륭한 시인으로 거듭나길 소망하며 시집 간행을 진심으로 축하드린다.